W0345350

78,-

Uli Stein

AUFMACHEN, POLIZEI !!

Lappan

Uli Stein, 1946 in Hannover geboren, stürzte sich nach einigen Semestern Pädagogik als Satiriker, Nonsens-Schreiber und vor allem als Cartoonist ins freischaffende Berufsleben.
Seine dicknasigen Figuren mit Spiegeleieraugen und seine verschmitzten Katzen, Hunde und Mäuse begeistern Woche für Woche Millionen von Zeitschriftenlesern. Auf über zweihundert verschiedenen Karten und zahllosen Geschenkartikeln sind sie inzwischen zu finden. Seine bisher im Lappan Verlag erschienenen Bücher haben eine Gesamtauflage von über zwei Millionen Exemplaren erreicht und zählen zu den erfolgreichsten Cartoonbüchern überhaupt.

© 1992 Lappan Verlag GmbH
Würzburger Straße 14 · 2900 Oldenburg
Konzept und Gestaltung: Dieter Schwalm, Oldenburg
Satz: Satzstudio Klinkebiel, Oldenburg
Litho und Montage: Peter Herms Niemann, Oldenburg
Druck und Bindung:
Proost International Book Production
Printed in Belgium

ISBN 3-89082-433-1

ICH UND ZERSTREUT ? SIE GEBEN DOCH WOHL NICHTS AUF SOLCHE GERÜCHTE, CHEF ?

Aus dem Polizeiarchiv:

Bankraub in Aurich, 12. 11. 1991

Interessant!

Das Risiko, beim Schwarzfahren erwischt zu werden, beträgt 1 : 85. Sagt jedenfalls die Fahrscheinlichkeitsrechnung!

Wiesbaden, Ostern 1992: das Dienstfahrzeug des kurz darauf in den vorzeitigen Ruhestand versetzten Hauptwachmeisters Achim Apell.

Gut Ding braucht Feile!

(Alte Ausbrecherregel)

WUSSTEN SIE SCHON...

...daß Leute, die zwanghaft Uhutuben klauen, klebtomanisch veranlagt sind?

Wenn ich was hasse, dann Reifendiebe,
die auch noch originell sein wollen!

Aus der Fälscherwerkstatt:

Kohlaroid-Sofortgeldkamera

Taschendiebe...

...haben Hochsaison. Die Kripo empfiehlt:

Abschließbare Hosentaschen

Immer schön cool bleiben!

Werden Sie in Spanien von der Polizei angehalten, so wird man wahrscheinlich fragen:

Das bedeutet soviel wie ‚Haben Sie Ihren Wisch da?' ...‚Haben Sie Ihren Führerschein dabei?' und während Sie Ihre Papiere suchen, wird der vielbeschäftigte Beamte drängen:

‚Beeilung, Beeilung!' heißt das, und nachdem Sie feststellen, daß Ihre Papiere im Hotel geblieben sind, fragen Sie höflich:

‚Was soll es kosten?' Niemals werden Sie sich hinreißen lassen, dem guten Mann, der ja auch nur seine Pflicht tut, Beschimpfungen an den Kopf zu werfen wie:

‚Sie haben einen großen Vogel!' Vielmehr werden Sie ihn bitten, ein Foto von ihm für ihr Reisealbum machen zu dürfen, damit Sie später, wenn Sie wieder zu Hause sind und gefragt werden:

‚Wie war es in Spanien?' antworten können: ‚Ich habe tolle Dias.'

Das grüne Revier

Stempelwicke, im Volksmund auch als Behördenwinde oder Amtswurz bekannt. Gehört zur Gattung Legimitalis Offizialis und ist aus keiner Amtsstube mehr wegzudenken. Treibt manchmal seltsame Blüten.

Tippnelke, lat.: Olivetti tippfehlerix, fälschlicherweise oft als Erikagewächs bezeichnet. Wurde viele Jahre mit Tippex bekämpft, steht inzwischen unter Artenschutz und liebt helles Schreibtischlampenlicht, ist aber empfindlich gegen verschütteten Kaffee. Abart des Zehnfingerkrauts.

Gemeiner Akterich, auch Leitzkraut genannt. Wird häufig mit dem Aktenschachtelhalm verwechselt. Anspruchsloses Rankengewächs, das ruhige, schattige Plätze bevorzugt. Gehört zur Familie der Archivblüter und verträgt sich gut mit der Schlafgarbe.

„Ich? Ich bin im knastronomischen Gewerbe ...“

(Gefängniskoch, nach seinem Beruf gefragt)

Auffahrunfall
mit Fahrerflucht!
Alle Streifenwagen
mal nach einer Dampfwalze Ausschau halten ...

Jeden Tag ein Weißbrot, aber nur einmal in der Woche ein Töpfchen Margarine???

Die clevere Supermarkt-Kassiererin läßt sich durch Erklärungen wie: ‚Mein Hobby ist Schwänefüttern ...‘ oder ‚Unser Elefant hat eine Magenverstimmung ...‘ nicht aufs Glatteis führen: beim Kassieren piekt sie diskret in das verdächtige Brotteil.

Im nächsten Buch: *Hammer – ja oder nein? Was tun, wenn der Gipsarm echt ist?*

Aus der Reihe

„Freundlicher Alltag“

Heute: Die nette Geste beim Felgenklau

(Archivfoto mit frdl. Genehmigung der Gendarmerie Bissendorf)

* * *

Wer Pfefferminzbonbons nachmacht oder verfälscht, macht sich der Falschminzerei schuldig!

EIER VON FREILEBENDEN HÜHNERN ?!? WIE TAKTLOS !!
A-23
STEIN

NIX FÜR UNGUT, ABER SIE HABEN DA 'NE LAUFMASCHE...
STEIN

Interpol-Report

Heute: Ermittlung in Italien

*Der Ermordete
hat eine Beule

Kennen Sie sich aus?

Wie das Falschgelddezernat Wiesbaden mitteilt, sind in den letzten Wochen wiederholt nachgemachte 10-Mark-Scheine eingezogen worden.

Zum Vergleich: rechts sehen sie die Originalbanknote, wie wir sie alle kennen und lieben.

Und hier eine der Fälschungen. Die wichtigsten Erkennungsmerkmale: Der nachgemachte Zehner fühlt sich spröde an, knirscht beim Falten und krümelt in der Brieftasche.

Trägt man ihn in der Hosentasche, fettet er durch. Das hübsche Blau des Originals ist nur unvollkommen getroffen, das Porträt ist nachlässig wiedergegeben und weist einen deutlichen Gelbstich auf. Hält man einen echten Schein gegen das Licht, erkennt man das Wasserzeichen. Tut man das gleiche mit der Fälschung, fällt einem der mangelhaft verarbeitete Zehner auseinander und aufs Auge. Also Obacht!

„Zweite Reihe? Gemeinsam sind wir stark …
oder Quark … oder irgend so was …“

Ausschneiden, auf's Lenkrad kleben und vor der Heimfahrt nach dem Kneipenbummel ein Auge drauf werfen:

Ⓐ Sie sehen EINEN Aufkleber:

Nehmen Sie den mahnenden Zeigefinger ernst und rechnen noch mal genau nach, ob's auch nicht zuviel war!

Ⓑ Sie sehen ZWEI Aufkleber:

Oh, oh! Auto stehen lassen!

Ⓒ Sie sehen KEINEN Aufkleber:

Sie sind ins falsche Auto gestiegen! Das sollte Ihnen zu denken geben!

Es spricht absolut nichts dagegen …

… daß Sie Ihre Ersparnisse in einer Zuckerdose aufbewahren …

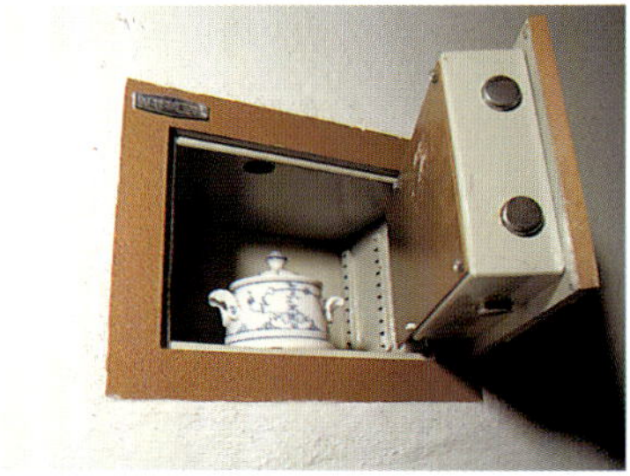

… vorausgesetzt, Sie bewahren Ihre Zuckerdose im Wandsafe auf!

KOMMT NOCH WAS DAZU ?
STEIN

Ich hab Silvester Dienst –
haben Sie die Nasen auch in Grün?

Falschspieler…

…arbeiten häufig mit raffinierten technischen Hilfsmitteln. Aus dem Kriminalarchiv des Oldenburger Betrugsdezernats stammt beispielsweise dieses Spiegelfeuerzeug:

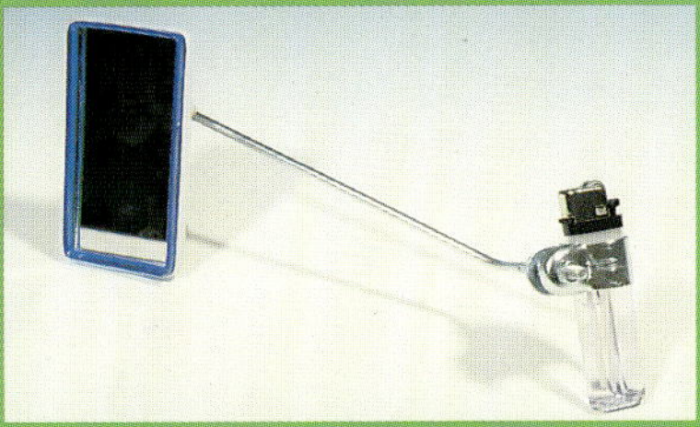

…auf den ersten Blick ein ganz normales Wegwerffeuerzeug. Der Clou: ein unauffällig angebrachter Spiegel. Während der Spitzbube einer Mitspielerin galant Feuer gibt, guckt er ihr hinterhältig in die Karten. Obacht!

NA – AUCH NICHTS GETRUNKEN ?
NA HÖREN SIE MAL ! ALS AUTOFAHRER WERDE ICH DOCH NICHT...
IST JA SCHON GUT, ICH HAB JA NUR GEFRAGT...
DAS IST WIEDER TYPISCH : ÜBER PERSONALMANGEL KLAGEN, ABER WEGEN SOLCHER KINKERLITZCHEN MIT ZWEI MANN ANRÜCKEN !

Berühmte Ganoven

Heute:

Arno Nym, der Erfinder des Briefes ohne Unterschrift.

Schwarzwälder Alarmanlage

So ißt man im Ausland

Folge 238

Schießburger (Chicago)

Du kannst Dich schon freuen: Mama hat 200 Videokassetten gekauft, um Dir die nächsten 800 Folgen Lindenstraße aufzunehmen...

Noch immer…

…nimmt die Polizei eine bedrohliche Entwicklung nur auf die leichte, uniformierte Schulter: Die immer mehr um sich greifenden Übergriffe vegetarischer Rockerbanden – zu erkennen an ihren Clubemblemen auf den inkonsequenterweise speckigen Jacken:

Gewalt und Terror sind angesagt, wenn sie ihre gefährlichen Klappmöhren aufschnappen lassen…

…oder ihre gemeinen Schlaggurken überstreifen…

…und meist hilft den verängstigten Opfern nur die panische Flucht in die nächstgelegene Metzgerei. Hier muß endlich mal durchgegriffen werden!

HABEN SIE ÜBERHAUPT EINEN MAUSDURCHSUCHUNGS-BEFEHL?
STEIN

Natürlich gebe ich den Raupmord zu –
mein Gott, ich lebe von Raupen!

Wenn Sie Ihr Geld schon in der Matratze verstecken, dann achten Sie wenigstens darauf, daß es sich…

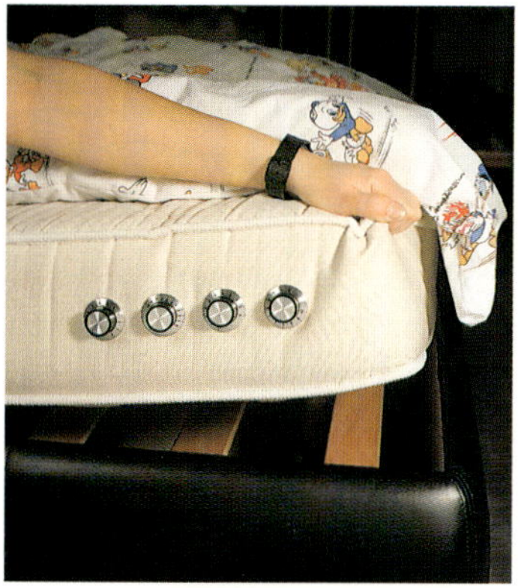

…zumindest um eine doppelwandige Matratze mit Zylinderschließvorrichtung und feuerfestem Stahlkern Sicherheitsstufe B handelt.

Übrigens... Da sich immer mehr Heiratsschwindler in straff organsierten Banden zusammenschließen, hat die Kripo jetzt eigens dafür eine Sonderkommission ‚Organisiertes Versprechen' gegründet.

Hübsch ... und sicher:

Abschließbare Ohrringe aus Sterlingsilber

Wußten Sie schon ...

... daß sich entsprungene Sträflinge meist durch Flüchtigkeitsfehler verraten?

Oh, es wird Frühling!!
Die erste Blüte in diesem Jahr!

Herzlichen Glückwunsch!

Mit der ‚Goldenen Nase' wurde in der letzten Woche Oberinspektor Peter R. geehrt, der eine weltweit operierende Bande von Kaviarschmugglern verhaften konnte, nachdem er sieben Monate lang verdeckte Ermittlungen in der internationalen Rogenszene durchgeführt hatte. Herzlichen Glückwunsch!

Freudsche Versprecher

Folge 134

Heute aus: Sizilien

Einer der drei ist Azubi beim Zoll. Aber welcher?

(Der in der Mitte natürlich – der Filzstift)

*

Gestern hat der Glaser bei Ihnen neue Fenster eingesetzt und heute morgen sind sie wieder rausgefallen? Klarer Fall von Kittnepping!

PROFIS TRAGEN IMMER HANDSCHUHE BEI DER ARBEIT – DAS KANNST DU IN JEDEM KRIMI NACHLESEN...
ABER...
ABER, ABER, ABER... WAS – ABER?

Raffiniert!

Der neueste Trick, um eine Stange Zigaretten durch den Zoll zu schmuggeln: Man piekt eine mitgeführte Antenne in die Packung…

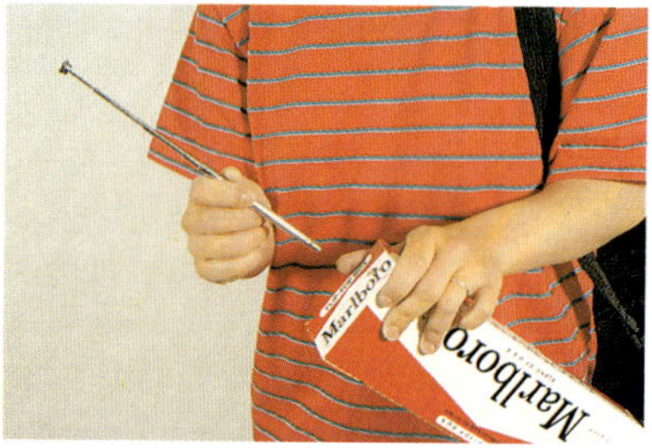

…und tut so, als ob es eines von diesen neuen tragbaren Pocket-Telefonen sei!

(Mit frdl. Genehmigung aus: *‚Was haben Sie denn da unter ihrer Mütze?* – Die aktuellen Schmuggeltricks des Monats!‘ Interne Infoschrift der Oberzolldirektion Frankfurt.)

Nach Auskunft des sadistischen Bundesamtes in Wiesbaden zählt nur jeder vierzehnte Mörder zum würgtätigen Teil der Bevölkerung! Wer hätte das gedacht…

Er ist Ihr Patient, ja und?

Neues vom Verkehrsgericht

Ein Geistlicher, der sich unerlaubt vom Unfallort entfernt, begeht Pfarrerflucht!

(Oberlandesgericht Bad Zwiebelburg, Aktz. 90/00020)

Worauf warten Sie noch? Machen Sie ihn auf…

ES KAM MIR GLEICH KOMISCH VOR, DASS ER DEN TOLLEN JOB IN DER WÄSCHEREI MIT DER LANGWEILIGEN ARBEIT IN DER GEFÄNGNISBIBLIOTHEK TAUSCHEN WOLLTE...

Es gibt Wochen, da ist auch für die Polizei nicht viel zu tun... Das ist dann die Saureschurkenzeit.

Also dann – auf ein verfolgreiches Neues Jahr!

Hinweis

Alle Beiträge dieses Buches,
die das Thema Sträflinge zum Inhalt
haben, sind frei erfunden.
Jede Ähnlichkeit mit klebenden
Personen wäre rein zufällig.

Bücher, die Spaß bringen!

Uli Stein
Viel Spaß mit Kindern

Uli Stein
Viel Spaß beim Autofahren

Uli Stein
Viel Spaß im Urlaub

Uli Stein
Viel Spaß im Garten

Volker Ernsting
Viel Spaß an der Küste

Friedel Schmidt
So ein verrückter Hund

Thomas Weyh
Viel Spaß in den Bergen

Detlef Kersten
Viel Spaß mit den Enkelkindern

Peter Butschkow
Herzlichen Glückwunsch zum 20. Geburtstag

Peter Butschkow
Herzlichen Glückwunsch zum 30. Geburtstag

Peter Butschkow
Herzlichen Glückwunsch zum 40. Geburtstag

Peter Butschkow
Herzlichen Glückwunsch zum 50. Geburtstag

MEINEN FÜHRERSCHEIN? SOLL DAS EIN WITZ SEIN? SEIT WANN GIBT ES FÜHRERSCHEINE FÜR SCHWEINE?
DAS IST ALLERDINGS WAHR...

SO EIN QUATSCH ...EIN SCHWEIN MIT FÜHRERSCHEIN ... ..HAHA...
HAHA ... HIHI ...